Collection de feu M. TRONQUOIS

en son vivant Consul de France à Tokio

3e VENTE

OUVRAGES ILLUSTRÉS JAPONAIS

des XVIIe, XVIIIe et XIXe siècles

LIVRES DOCUMENTAIRES NON ILLUSTRES
SUR L'ART JAPONAIS

DICTIONNAIRES DIVERS
ESTAMPES JAPONAISES DU XIXe SIÈCLE
ET KAKÉMONOS

GRAVURES FRANÇAISES

Fiches manuscrites pour former un Dictionnaire japonais-français.

dont la vente, par suite de décès, aura lieu à

l'HOTEL DROUOT, Salle N° 8

Les LUNDI 17 et MARDI 18 OCTOBRE, à 2 h.

Mᵉ Édouard FOURNIER	M. ANDRÉ PORTIER
Commissaire-Priseur	Expert près le Tribunal Civil de la Seine
29, Rue de Maubeuge	24, rue Chauchat

chez lesquels se distribue le présent catalogue.

EXPOSITION PUBLIQUE

HOTEL DROUOT, Salle N° 8, *le Dimanche 16 Octobre, de 2 à 6 heures*

CONDITIONS DE LA VENTE

Elle sera faite au comptant.

Les acquéreurs paieront 17,50 0/0 ou 12,50 0/0 en sus des enchères.

L'Expert, dans l'intérêt de la vente, se réservera la faculté de réunir ou de diviser les lots.

ORDRE DES VACATIONS

L'Ordre du Catalogue.

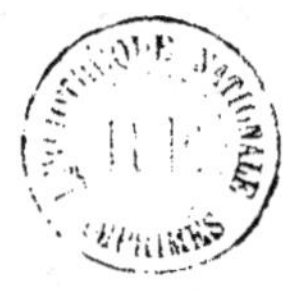

LIVRES JAPONAIS ILLUSTRÉS

(XVIIᵉ siècle) (¹)

1. — 1608. Isé monogatari (2 volumes). Roman du xᵉ siècle attribué à l'empereur Kwasan. (Premier ouvrage remarquable dû à l'art de la gravure sur bois venue de la Chine. Th. Duret.)

2. — 1623-1651. Honchō Buké okkei dzu.

3. — 1650. Osaka monogatari, 2 volumes.

4. — 1656. Musha monogatari, 5 volumes.

5· — 1656. Onna Rougo et onna Kokyo Djiyō shi ou shyō, 5 volumes.

6. — 1656. Honshō Hyaku shōden, 2 volumes.

7. — 1656. Heiké monogatari, 12 volumes.

8. — Nul.

9. — 1657. Genji kokagami, 3 volumes.

10. — 1657. Kusunoki monogatari, 5 volumes.

11. — 1657. Genji kokagami (grav.) 1 volume.

12. — 1658. Kama chōmei hojōki, 1 volume.

13. — 1658. Chomei hōjōki shō, 1 volume.

14. — 1658. Kama cyōmei hodji oki, 1 volume.

15. — 1658. Busishō soshi, 1 volume.

16. — 1662, Asaï monogatari, 1 volume.

16 *bis*. — 1662. Soku hizenshi. san, 1 volume.

17. — 1664. Fusō initsu den, 2 volumes.

18. — 1673. Zōhō zué. Cysaï simou, 7 volumes.

19. — 1658 à 1668. Honsghō retsu djiyōden, 10 volumes.

20. — 1676. Hochika zuki, 2 volumes.

21. — 1670. Osari ganji, 4 volumes.

22. — 1677. Heiké monogatari, 6 volumes.

23. — 1689. Tokaïdo ékiro no suzei, 1 volume.

24. — 1690-1691. Kokon chōmonshū, 5 volumes.

25. — 1684. Ehon Hōkan par *Hasségawan*, 6 volumes.

26. — 1685. Haiji monogatari, 3 volumes.

27. — 1690. Jinrin kunmō zué, 7 volumes.

28. — 1690. Kohon chômon shū, 1 volume. Recueil de choses que l'auteur a entendues.

29. — 1691. Toure dzuré gusa eshiyō, 1 volume.

30. — 1692. Ikkyo gwa Kotsio, 1 volume.

31. — 1695. Taïra no sighémori, 1 volume.

32. — 1699. Yuzū nenbutsu Tengy, 1 volume.

---

(1). Presque tous les ouvrages ne portent que le nom de l'éditeur.

Autre lot des XVIIᵉ et XVIIIᵉ siècles.

33. — A. 1624-1625. Genkyō shakushō, 15 volumes. Vies et légendes des principaux prédicateurs et écriavins bouddhistes japonais.

— B. 1658. Bunshō no soshi, 2 volumes.

— C.   Soga monogatari, 12 volumes.

— D. 1671. Même ouvrage, 4 gros volumes.

— E. 1687.   —   — 2 volumes.

— F   4 volumes.

— G. 1682. Meikei mono (ep. Temoà), 12 volumes kwantes.

— H. 1691. Kokon chō monshū.

— I.   Soraï mono, 1 volume.

— J.   Soraï banashi, 3 volumes.

— K.   Hogen monogatari, 3 volumes.

— L.   Eikwa monogatori, 8 volumes.

— M.   Saigyō monogatari, par Saigyō, 1 volume.

— N.   Ehon Cecyō par *Yoshimura Katsumasa*, 1 volume.

— O.   Sankoko gyō jitsu, 3 volumes.

— P.   Onna shō reishū, 4 volumes.

— R.   Heikei monogatari, 5 volumes. Récits de la famille du Taïra.

— S.   Nihon adaï itchiran, par *Shumsaï Hōgen Hayashi*, 8 volumes.

— T. 1700. Yudzudaï nimbutsu Enjikwan nojyō, 1 volume (Secte fondée-en 1077, par *Ryōnin Syō ō Daïri*.

— U. 1707. Jimpei sei siki, 12 volumes.

— V 1709. Tokaïdō ékoro no Suza, 1 volume.

— X. 1714. Shoka komuki, 3 volumes.

— Y. Tatchibana min sō Ehon ou Ehon shokushi hō, 10 volumes par *Tatchibana sōhei*.

— Z. Eiri Isé monogatari, 3 volumes.

33. AA. — 1721. Guaden. 2 volumes par *Hayashi Moriatsu*.

— AB. — 1724. Shūgyoski shie nō umi. 1 volume.

— AC. — 1695 à 1727. Onno shiwori. 1 volume.

— AD. — 1727. Heikai monogatari. 1 volume.

— AE. — 1744. Syokunin dzukurin, ou dzukushiuta awasé. 3 volumes.

— AF. — 1845. Choui youei tchaï tchi yone lou. Biographie des 7 Bouddhas et des plus illustres personnages du bouddhisme par Kiū Zoushi (ouvrage chinois).

— AG. — 1755 à 1796. Bou dzuzo Kod zu. 19 volumes par *Tosa Shoso*.

— AH. — 1755. Boudzu yo Ko dzu.

— AI. — 1783   —   —

— AJ. — 1796   —   —   } (14 volumes).

— AK. — 1796   —   —

— AL.   — —   —

— AM. — 1758. Shinsen hinagata par *Koguri*. 1 gros volume.

— AN. — 1775. Meikaguafu ou guajō. 1 volume.

— AO. — 1777. Suiko gua senkan. 1 volume.

— AP. — 1777-1843. Hokke nishin tadane monogatari ou Hokke anshin. 6 volumes.

— AR. — 1787. Kamyen san sin gwashiki. 3 volumes.

— AS. — 1797. Gua en 6 volumes.

— AT. —   — Hariko. 7 volumes.

— AU. — 1748-1751. Hana no Edo Kabuki nendaiki. Plusieurs volumes.

— AV. — Ehon chyaku chiko.

— AX. — Hissen nō musya suzuki

— AY. — Ta tori monogatari. 1 volume.

Moronobu Hinsikawa Kisibei.

34. — Isé monogatari. 1 volume.
35. — Hyakunin issiyu. 1 volume.
36. — Matsu Kwaï 1687. 1 volume.
37. — Yamato meisho Kagami. 1 volume. Lieux célèbres de la province de Yamato.
38. — Sigwano en 1682. 1 volume.
39. — Wakusiu jisan asyn 3.
40. — Urokogataya nuzobi. 1704-1713. 11 volumes.
41. — Album de peintures : Bijyutsu guadjiō. Une feuille est signée.
42. — Hyaku nin issyn. 1-volume.
43. — Wakasyu.

Sukénobu.

46. — Honchō nandaïko. 1 gros volume.
47. — Fragments.
48. — Ehon Ciyomigusa. 1740.
49.
50. — Ehon gunbaizu. 1 volume.
51. — Ehon sanorématsu. 3 volumes.
52. — Ehon wakakuza 1745. 4 volumes.
53. — Ehon Tama. 2 volumes.
54. — Ormaicidaï no fuzoku. 3 volumes.
55. — Ehon Hana momidji. 3 volumes.
56. — Ehon sonare matsu. 5 volumes.
57. — Kodaï jimbutsu gwafu. 1 fort volume.
58. — Ehon Kamenano (non relié).
59. — Ehon Tawaka
59 *bis.* — Kouw Zué 1789. 5 volumes. (Sukésiu).
59 *ter.* — Kyo nō mizu. 2 volumes dont l'enveloppe porte suké... datés Kwansci III.
Vers 1791.

Massanobu Okumura.

60. — Album, scènes au Yosiwara, en noir. 11 feuilles.

Massanobu Rojinsai, Tsukioka, Tangé.

61. — Ehon Misaogusa 1766. Graveurs Tujiyé sirobei et Kinkei. 1 volume.
62. — Ehon Komyō futaba gusa. Graveur sakamoto jimbei. 5 volumes.
63. — Même ouvrage 1805. 1 volume.
64. — Esya Cyuraku Yujyo gozyunin issyu. 1 volume 1752. Graveur Nijimura Zenyémou
65. — Isé monogatari 1757. 1 volume. Même graveur.
66. — Même que le 63 non broché.

Morikuni Tatchibana Oudji Yuyetsu.

67. — Tsuhosi 1729-1799, 2 gros volumes. Scènes de la vie japonaise.
68. — Tsuhosi 1729, 4 volumes.
69. — Ehon Osyukabaï 1740, gros volume.

70. — Même ouvrage.
70 *bis*. — Même ouvrage 1740-1741, gros volume.
70 *ter*. — Même ouvrage.
71. — Wakan sindzu Honcyo guayen, 1782, 6 volumes, graveur Omori Kihei.
72. — Ehon Konkan Kahen, 1727, 10 volumes.

Arisika Tatchibana.

72 *bis*. — Todo Kumozué, 5 volumes.

Tanyusaï Tsunénobu, Tosa, Yosihidé.

73. — Kyo gwa yen 1770, 3 volumes, graveur Nagasima Toyemon, préface par Hinsei.

Moriatsu,

74. — Cikuzen roken Hayan, Guasen, 1721, 6 en 5 volumes.

Moronobu Harukawa.

75. — Ehon Ressengwaden, 1759, 3 volumes.

Nobuatsu, Etcyosaï, Yamamoto, Sinko.

76. — Gwadsu cinsen 1772-1774, 3 volumes, graveur Nisimoura Zenyémon.
77. — Gwakyo hitsin ou Gwato Zetsumyo, 1772-1774, 2 volumes.

Genjiro Seigado Yanagwara.

78. — Ehon Kuninari yama 1757-1770. Panorama des Royaumes : Japon et étranger. Graveur Sakamoto Zimbei, 2 en 1 volume.
79. — Ehon Yamamoto Sikyo, 1770, 1 volume. Poésies morales de Bansaï le Zensi. Graveur Fujayé Bunsuki.

Kitsui, Cikusaï, Saïgyo, Mitsuya.

80 — Plusieurs petits volumes reliés. Un est signé : Masayosi.

Syumboku, Hogen, Hokkyo.

81. — Gwasi waïyo 1751-53 (2 exemplaires), 6 volumes en un volume.
82. — Wakan Sogyoku Tamei Kinno, 1753. Graveur Yamamoto Kihei et Fujimuro Zenyémon.
83. — Ehon Tekagami, 1720, 6 en 1 volume. Graveur Murakami Zenyémon.
84. — Wakan meihitsu gwaho Tekagami, 6 reliés, daté 1720 ?
85. — Guashi Kwaei Kyohashu par Syumboku et Hanzan, 1 gros volume.
85 *bis*. — Même titre par Syumboku et Masayosi. Ces deux nᵒˢ 85 et 85 *bis* sont datés 1830.
86. — Wakan mei gwayen, 1753.
87. — Musya suzuki.
88. — Hissei no musya suzuki, 6 volumes, 1814.
89. — Wakan mei hitsu gwaho, 1767, 6 volumes.

Torü divers.

90. — Plusieurs petits volumes : Satsukyogen, Sanjoku busa, Keisei gani,

Honami Kwoetsu (genre Moronobu).

91. — Sanzyu rokkasen, 1 volume.

Sojyu.

92. — Rokkasen (six génies poétiques).

Mitsunobu.

93. — Tobaé Sankokuji, 1 volume.
94. — Tobaé Akubidomé ou Tobagaruma, 2 volumes.
95. — Nul.
96. — Ehon Eiyukagami, 1 volume.
97. — Tobaé Fudé byosi, 1 volume, 1823.
98. — Eiju Kagami, 1 volume.
99. — Tobaé ogino mati, 1752, 1 volume.
100. — Tobaé fudi byosi, 1890.
101. — Tobaé ogino mato, 1752 (5 volumes).
102. — Tobaé, 1720, (3 volumes).

Itcyô hanabusa.

103. — Itcyo guafu 1768-1770, 2 volumes. Explication au haut de chaque feuille.
104. — Même ouvrage, 1770, 4 volumes.
105. — Même ouvrage, 1780, 1 volume.
106. — Même ouvrage, 1891, 2 volumes.
107. — Mangwa zuko guncyo gwaei (c^t xixe), 1 gros volume.
108. — Gwahon zuken.
108 A. — Gourtcho gwaei, 1776.

Kôkan Shiba.

109. — Guato seiyu dan, 1788 à 1803, 3 volumes.
109 *bis*. — Seiyu riotan.

Toyofusá Toriyama Sekiyen.

110. — Gwato Hyakki tourézuré onkuro 1784.

Koryusaï Isoda.

111. — Sinkoku Konzatsu Yamato Kusayé 1891. Scènes japonaises diverses.
112. — Même ouvrage.
113. —   —   1 gros volume.
114. —   —   1 gros volume.

Bunseî Kita.

115. — Kasen Eshō-Sanzyu Roku syu no uta 1810.

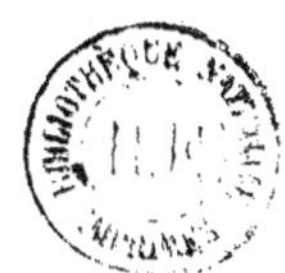

Kanenari Akatsuki.

116. — Akan sanzaï izué, 1850, 6 volumes.
116 A — Même ouvrage, 1821. 2 volumes.

Eïjô Oï.

117. — Onna cyökôhö, 1847. 1 volume (double trésor des femmes).
118. — Jokio Banpö Zenshu. 1 fort volume.

Kyosui Hyahkaku.

119. — Hokuyetsu Seppü, 1832-1836. 4 exemplaires en 14 volumes.

Setsusyosaï.

120. — Gwahon Syuyö, 1751. 3 volumes.
121. — Même ouvrage, 1751. 3 volumes, en collaboration avec Syösen.

Tanyu.

122. — Tanyü ringwa, 1855. 3 volumes.

Riukosaï Zyokei.

123. — Sanga notsu sibaï. Hyakusya hyakunin issyu yosooi Kagami, 1 gros volume.

Sadahidé Gosotéi Gyokuransaï.

124. — Gyokuransaï Yokohama Keinmonsi, 1850. 3 volumes.
124 A — Tokaïdo go Ziu san sugi, 1860. 1 volume.

Gyokuran Hasimoto.

125. — Hassyukigen Syaka ritsu roku Keisei Hakuaga, 1852. 5 volumes.
126. — Akö gisi den issekwa, 1853. 10 volumes.
127. — Todo meisho Zue. 1 volume.
128. — Même ouvrage, 5 volumes.
129. — Isé monogatari, 1825. 3 volumes.

Giokuzan okio.

129 *bis.* — Ehon yokkwaï Kidan. 1 volume.
129 *ter.* — Gwa hon tama mö monogatari, 1805. 4 volumes.

Kyssaï Kawanabé, Syosyo.

130. — Kyosaï ryakugwa ou kyosaï guafu, 1930. 1 volume : Tavanabé Taö iku.
131. — Kyosaï gwäden. 4 volumes.
132. — Kyosaï Kogwa, 1877. 2 volumes.
133. — Kysoaï suigwa, 1882-1884. 1 volume.
134. — Kysoaï ryakugwa, 1880. 2 volumes.
135. — Kyosaï hyakuzu. Album humoristique.
136. — Série de livres. Une planche signée Moronobu, par Kyosaï, Zéchinn, Utawaro.

Kwosaï.

137. — Meika Zimbutsu gwafu, 1 volume.
138. — Suisashi Zatsudo itshiran, 1 volume.
139. — Kwosaï gwafu, 8 volumes.
140. — Yéhon taka kagami. 1 volume.

Outagawa divers.

141. — Un lot de petits volumes.

Cyuwa Hkkyo Nisimura.

142. — Ehon nendaiki. Plusieurs en 1 volume.
142. A — Miako meisho (collab. Shunkiosaï).
143. — Küno Kuni meisho zué, 1838, 2 volumes, dessins des endroits remarquables de la province de Kii.
144. — Shotoku taïshi den zué, 1805-1832. Gros volume.
145. — Même ouvrage, 1804. 6 volumes.
146. — Kisokaïdo meisho zué, 1805. 11 volumes.
147. — Kii Koku meisho zukaï, 1838.
147 bis. — Kisoji meishō 1804.

Taïga Watanabé.

148. — Itsukushima Yèma kagami, 1832. 5 volumes.

Cinnen Omisi.

149. — Sonan gwafu, 1834. 1 album.
150. — Taihei yuzo, 1829.
151. — Ehon Kunōso, 1839. 10 volumes.

Kosyu.

152. — Kosyu gwafu, 1812. 1 volume.

Bumpo.

153. — Bumpō sogwa, 3 exemplaires en 3 volumes.
154. — Bumpō gwafu, 1807, par Bumpō, Basei, Nansansyu. 1 volume.
— Même ouvrage.
155. — Enwō gwafu, 1807, plusieurs.
156. — Nul.
157. — Kaido Kioka awase. 1 volume.
158. — Bumpō Kangwa, 1805, collab. Nangaku. 1 volume.
159. — Meika gwafu, 1812, par divers. 1 volume.
160. — Nul.

Nangaku et Bumpo.

161. — Bishi meisboku, 1811. 1 volume.
162. — Kaïdo sogwa, 1811.

Nantei Nisimura.

163. — Nantei gwafu, 1823-1826. 4 volumes.

Buncyo Tani.

164. — Zohō Tani Buncyo Honcyō gwasan taisen, 1882. 4 volumes

Kwasan Watanabé.

165. — Isso hyaku taï, v. 1830.

Kworin Ogata.

166. — Kworin hyakudzu, 1815-1826.
    1ʳᵉ édition : préface par Bosaï Kaméda, Cyūko, Bosaï Kanzin
    postface par Hoïtsu.
    Cachets rouges d'Itsuga et d'Hoïtsu, 1815-1826.
167 à 172. — Autres hyakudzu.
173. — Kwōrin gwafu avec préface, 1811-1812.
174 à 176. — Même ouvrage.
177. — Kwōrin mangwa, 1817.
178. — Kwōrin mangwa, 1813.
179. — Kwōrin moyo, 1907 albums.

Ecole de Kworin.

180. — Bantshiō Zuken, 1901.
    Album par Seisei Kigyoku.
181. — Hankaï sui nō yetsu.

Hoïtsu Syonin.

182. — Oson gwafu, 1817. 1 volume.
    Préface par Kokusen Giku Haïrozin.
    Exergue Oson-Bounsen.

Hokusaï Katsushika.

183. — Sumidagawa ryogan isiran. 2 volumes.
    Graveur Andō Ensi.
184. — Gojyunin issyu suzugawa Kioka, 1802. 1 volume.
    Cinquante poètes signat. Tatsumasa.
185. — Adzuma assobi, 1799.
    Promenades dans Adzuma.
    Préface Sansō an.
    Collaborateur Kwakei Cinzin exergue Kwawei ryozin sadataka.
    Calligraphe Rokurzotei.
    Graveur Andō Ensi.
186. — Même ouvrage.
187. — Jitsu ibokei, 1836.
187 *bis*. — Shin inagata, 1836-1890.

188. — Guakyo ou Densin guakyō, 1918.
Collabor. Gekkwatei, Bokusen, Taïso, Hokuyo, Gensaï, Utamaro.
Préface par Setzugwaku Sanzin.

188 *bis*. — Même ouvrage, 1834. 1 volume.

189. — Hokusaï gwasiki, 1919. 2 volumes.

189 *bis*. Katsushika Thaïto.
Collabor. Hokuyo, Hokkuyci, Hokkei.

190 à 194. — Hokusaï gwafu.
(Le **193** collection Burty).

195 à 197. — Santaï gwafu.

198 à 199 *bis*. — Sakigaké. -

200. — Hayabiki ou Hayashinan divers.

201 à 202. — Tékin woraï.

203 à 204. — Hokusaï gwayen, 1832-1843.

205. — Beibei Kyō dan 1815-1858.
Avec Bakin.

206. — Tosisen gwahon. 5 volumes.

207. — Sppittsu gwafu, 1823.

208. — Même ouvrage, 1838.

209. — Denshin Kaïshyshyū Hokousaï do shūy gwafu, 1836 (coll. Burty).

210. — Même ouvrage. 1 volume.

211. — Fuzi hyakkci. 3 volumes.

211 *bis*. Fugaku. 2 volumes.

212. — Mangwa, 15 vol..

213. — — 14 vol. manque le n⁰ 3.

214. — — 14 comp.

214 *bis* — Plusieurs dépareillés.

215. — Hokusaï Fuzi syoka, 1889. (12 planches).

216. — Katsusika'sinsö gwafu, 1890. 2 volumes.

217. — Katsusika Hokusaïden, 1892. 2 séries. 4 volumes.
Portrait d'Hokusaï.

218. — Onna Imagawa. 1 volume.

219. — Sui Ko gwaden. 2 volumes.

220. — Ehon chyü Kyō, 1835. 2 exemplaires.

221. — Syosin ekagami. 1 volume.

222. — Un lot déparcillé.

223. — Hyocyu sono no yuki. (Roman). 6 volumes.

223 *bis*. Album d'épreuves découpées en noir et réunies vers 1896.

223 *ter*. Syaka goici daïki zué (1839-1845). 6 volumes.
Par Yamada Issaï et Ikéda Siran.
Signé : Manzirozin ci-devant Hokusaï.

223 A. Mei.

223 B. Shasingwafu. 14 feuilles (réimpression).

Masanobu Kitao.

224. — Yoshiwara sin bijin awasé jibitsu Kagami. 1 volume.
(Albums de Dames au Yoshivara.)

225. — Adzuma Kyoku Kioka gojyunin issiu, 1786. 1 volume.
Graveur Séki Jyemon.
226. — Kodaï moyo, 1886. 1 volume.

Masayosi Keisaï, Kitao.

227. — Keisaï ryaku gwasiki, 1823, 1 volume; Parc de Dessins cursifs.
228. — Sansui ryaku gwasiki, 1800, 1 volume. Paysages. Graveur Syumpodo Nohiro
Ryuko. 48 vues de Tokyo, 36 vues de Kyoto.
229. — Cyozyu ryaku gwasiki, daté 1799 (réimpression). Oiseaux, animaux, poissons,
insectes. Même graveur. 2 volumes.
230. — Même ouvrage 1799 (bleu), 1 volume.
231. — Même ouvrage 1797 (jaune), 1 volume.
232. — Jimbutsu ryaku gwasiki 1813. Figures. Graveur Syumpodo.
233. — Même ouvrage, même graveur, 1799, 1 volume.
234. — Même ouvrage, même graveur, 1799, 1 volume.
235. — Ryaka gwasiki, 1795, 1 volume. Anatomie, lutteurs. Même graveur.
235 A. — Même ouvrage, même graveur, 1795, 1 vol.
236. — Gyokaï ryaku gwa siki (réimpr.) Poissons, coquillages.
237. — Keisaï ryaku gwa Kotowazui, 1808, 1 volume. Scènes de la rue.
238. — Sinki iei futsu, 1813, 3 volumes.
239. — Syaseiyu dzugwa, 1803, 1 volume. Petits personnages. Chiens.
240. — Syosyoku gwakan, 1794-1795, 1 volume. Graveur Syumpodo.
241. — Même ouvrage, même graveur, 1794, 1 volume.
242. — Syosyoku ekagami, 1795, 1 volume.
243. — Temmangu goden Kiryaku, 1851, 2 volumes. Contes héroïques.
244. — Imayo Syonunika awasé, 1845, 1 volume.
244 A. — Tokaïdo Maisho zue (en collab.).

Sigémasa Kitawo Kosuisaï Tengu.

245. — Gaku ikwau, 5 volumes.
245 bis. — (Sans titre). Tirage d'essai, daté Kwansei (mais postérieur), 1 volume.
245 ter. — Kosi essei daïsei gwaden, 1838, 1 volume. Vie de Confucius.

Isaï Katsushika.

246. — Syako gakuno tsuifuku Kwaï, 1850, 1 volume.
247. — Niciren syomin ici daï zuyé, 1858-1883, 6 volumes.
248. — Kwacho sansui dzuchiki, 1865-1866, 5 volumes.
249. — Mangwa hayabiki, 1867-1881, 4 volumes.

Gosici Harukawa.

250. — Omokayé hyakunin issyu, 1819, 1 vol.

Hokkei Uwoya.

251. — Kyoka hyakunin issyu. Cent Poésies des poètes comiques.
252. — Santomo tomoyé zyu, 1832, 1 volume.
252 bis. — Kioka divers (plusieurs en 3 volumes).

Jityosaï.

253. — Ehon Kuyo dzukai, 1803-1804, 1 volume.

Gakutei Kyuzan.

254. — Nihon Kenjo Kagami. 1 volume.
255. — Sansui guajyo. 1 volume.

Hokutaï.

256. — Cyusingura ate burumaï, 1 volume.

Hokuba Tessaï.

257. — Fukusyu Kisetsu Tamura monogatari, 1809, 1 volume.
257 A. — Ehon nachiro shiraito, 1 volume.
257 B. — Tamura monogatari, 3 volumes.
257 C. — Hosi zuki yu gen Kuwaï roku. Ombres et lumières en 6 parties formant 30 volumes.

Hanzan Matsugawa.

258. — Hanzan gwafu, 2 exemples, 1874, 2 volumes.
259. — Omukaï buni nengyo zui, 1873, 1 volume.
260. — Séki Tsukurimono Syuko, 1837, 7 volumes.
261. — Kwaratsu meishi higashiyama, 1864, 4 volumes. Guide illustré de Kyoto, partie de la montagne de l'Ouest, et autres, 8 volumes.
262. — Saitoku meisho zui, 10 volumes.
262 bis. — Daïfuku Setsuyo, 1 volume.

Minkwa Gosentei.

263. — Mangwa hyakudjyo, 1 volume.

Sijuzan Hogen.

264. — Wakan meibutsuguayei, 1750 à 1807, 6 volumes.
264 A. — Wakan meibutsu gwaho, 6 volumes.

Hakuyei Keicyuro.

265. — Sosen guafu, 1806, 1 volume.

Shunsensai.

266. — Tokaido meisho zui, 1794, 6 volumes, en collaboration avec Massayosi, Shunsen.
266 A. — Même ouvrage, 1795-1797, 6 volumes.

Harutsuya Fujiwara.
267. — Edo hyakunin uta awasé, 1808, 3 volumes.

Syunehosaï Takahara.

268. — Settsu meishō zué 1796-98, 3 volumes, d'autres exempl.
269. — Miako meishō, 13 volumes.

Toyokuni Utagawa Ippitsusai Senseï.

270. — Retsugō Hyaku nin isshiu 1847, 1 volume avec Hokusaï.
271. — Sibaï kimmi zué 1806, 5 volumes, avec Shunyei.
272. — Même titre, autre série, 5 volumes.
273. — Même titre, autre série, 6 volumes,
274. — Sinsen Yakusay meisho zuyé, 3 volumes.
274. — Tosidama fudi, 1 volume.

Kunyosï outagawa.

275. — Album Wakan Gokatsuan, 25 estampes, 1 volume.
276. — Daï nippon kakutaï 1860, 2 volumes.
276. A. — Ansei fubur sha 1856, plusieurs exemplaires.

Kuninaga Kocyo.

277. — Kocyō ryakugwasiki 1863-1864, 1 volume.

Yosisigé Nanyusa hoju.

278. Tokaidō. Naciyama zué. Modèle pour faire les villages du Tokaido, 3 volumes.

Kunisada outagawa.

279. — Urlot de petits romans.
279 A-B. — Yakushy shya (divers).
279 C. — Nihon konje Kagami, 1 volume.

Saïto.

280. — Sansui ki kwan 1861, 1 volume.

Zéshine et autre.

281. — Album.

Yosaï kikuci.

282. — Kikuci Yosai guafu 1870, 2 volumes.
282. A. — Zenken Kojitsu, deux exemplaires, 40 volumes.
282. B. — Même titre minuscule, 1 volume.

Usaburo-Tanaka.

283. — Rōnims 1885, 1 volume.

Kuniciro Nisijama.

284. — Kwanyei gwafu 1886, album oiseaux et fleurs, 1 volume.

Kigyoku.

285. — Kigyoku guafu 1901, 1 volume.

Kinsa Urakawa.

287. — Furiu Niwaka Tanyu 1832, 4 volumes.

Ungwa.

288. — Kwachō gwafu 1885. 1 volume.

Eisen Keisaï.

289. — Keisaï ryaku gwa siti, 4 volumes.
289 A. — Keisaï sogwa (plusieurs).
290. — Keisaï ukyoguafu (plusieurs) et d'autres.

Kanehiko Hatta Kwado.

291. — Daikyo goaku zué 1848, 3 volumes. Explications illustrées sur les cinq vices, 1 volume.
291. — Uta.

Yositsuma outagawa.

292. — Rōnins et Kwatchō, 3 petits volumes.

Élèves d'Utamaro.

293. Un lot de petits livres.

Minamoto no Yoho.

294. Kwōcyō no Yōshū 1856, 1 volume, 24 exemples de piété filiale,

École d'Hokusaï.

295. — Yamamoto nisiki 1891, 5 volumes.

Shunko Odajiri Tadashika.

296. — Owari meishō 1840, 6 volumes.

Matora oïshi.

297. — Harikayé Andon 4 en 2 volumes, 2 exemplaires.
298. — Jinji andon 1829, 4 volumes.
298 A. — Yakuninissyu, 8 volumes.

Sigéharu Ryusaï.

299. — Fuso kwoto ki zué, 1849. 2 gros volumes,

Syusui.

300. — Cyōsen djyuwarui. 5 volumes (sans illustrations).

Bokuyo Asaï.

301. — Tosei fuzaku, 1907. 2 volumes.

Kgen Murata.

302. — Onna sisyogeibun zué, 1835. 4 volumes.

Sèkysioko.

303. — Sekysioko tenkivan zuroku. 1 volume, album paysages

Hidenobu Tosa.

304. — Butsuyo zué. 5 volumes en 1 volume.

Hirosigé.

305. — Kiokas divers (un lot).
305 A — Sohitsu gwafu. 3 volumes.
305 B — Ehon Edō (un lot).

Anonyme.

306. — Hyaku nin issyu. 2 volumes.

Sigénobu Yanagawa.

307. — Ianagawa gwajyō. 1 volume.
308. — Ehon Fuji bokama. 2 volumes, 2 exemplaires, 2 volumes.
309. — Album de dames. 1 volume.

Eiri Takayama.

310. — Kioka horaisyo. 1 volume.
310 H — Kwanyei gogyoto noké miyuki.

Sadaoka.

311. — Kioka (gensaï) Kizimbutsu, 1809. 2 volumes.

Utamaro Kitagawa.

312. — Seiro nenju giozi. 2 volumes, daté 1804, mais moderne.
313. — Même ouvrage. 2 volumes.
314. — Ehon hiyusetsu, v. 1788. 1 volume.
315. — Djiyō shioku kaiko tenwaza kusa, 1 volume (vers à soie) moderne.
316. — Cyumi gwafu (moderne), insectes, 1892. 1 volume.
317. — Seiro et divers (modernes), lot.

Rînsaï Siba.

348. — Somoku Kwocyō gwafu, 1881. 1 volume.

Ranso nakai et Niwa Tokei.

319. — Kyoka Kawajorō, 1805, 2 volumes.

Okyô Maruyama.

320. — Okyō gwafu (1837), 1893. 2 volumes.

Shisei Asanô.

321. — Meisū gwafu, 1810, deux séries. 8 volumes.

Kuninano Utagawa.

322. — Jinjiandon, 1 volume.

Minkwa.

323. — Mangua hyakuzu. 1 volume.

Sanzin Furaï.

324. — Furyu sidoken den 1779, tirage de 1840. 1 volume.

Eizan Kikugaua.

325. — Edotaï setsuyō Kaïnai zo, 1835. 1 volume.

Rôren.

326. — Gwatzu sui fuyo, 2 exemplaires. 6 volumes.

Eïkaï Sataké.

327. — Teisei Kidan, 1850. 6 volumes.

Anonyme.

328. — Shibaï nendaïku. 4 volumes.

Gakutei.

329. — Kioka Saikōden, 1822, 1 vol.

Horciken.

330. — Osiyé haya geiko, 1825.

Anonyme.

331. — Kaïgwa jimbutsu shōsen, 1855. 5 volumes. Petite histoire des grands hommes
dans les pays d'outremer. Au troisième volume on y voit Napoléon 1er pri-
sonnier à Saint-Hélène. Son convoi avec grand N et personnages en costume
Louis XIV.

Syokosaï.

332. — Kensarayé Sumai zué. 1 volume, graveur, Tokei.
333. — Échantillons d'Etoffes ou papiers de tentures. 1 volume.
334. —   —   —   —   —   1 volume.
335. —   —   —   —   —   1 volume.
336. — Sosoku syokubun zu Kwoii. 1818.   2 volumes

Sckkosaï Kitao.

337. — Ehon chiga no Ura. 1 volume.
338. — Ehon Matsukagami, avec Riuckosaï. 1 volume.

Cikanobu geko.

339. — Nippon koko meiku. 1884.

Tchuh Tchovang.

340. — Wan nao t'ang howa tchouin.

Hasségawa et Verhaeren.

341. — Album de vues japonaises. 1 volume.

Kosa.

342. — Insyu miwata tsugu. 1841. 1 volume.

Anonyme.

343. — Kaisiyen guaden. 1 volume.
344. — Meiko secufu. Poésies sur l'éventail. 1 volume.

Settan et Settei hasegawa.

345. — Toto sosaisiki. 1858. Plusieurs volumes.
346. — Même ouvrage. Plusieurs volumes.
347. — Edo meisho zué. Deux exemplaires. Plusieurs volumes.
348. — Isé senyu meisho. Plusieurs volumes.
349. — Kisodzi meisho. 1814. Plusieurs volumes.

Tori okayama.

350. — Edo meisho hana goyomio 1839.

Nobumici 1847.

351. — Mizu nowo no Kosi. 1847. 5 volumes.

Toyotomi.

352. — Toyo tomi Koki. 1 volume.

Busei.

353. — Udon ye monogatari. 3 volumes.

Anonyme.

354. — Kompira sankei meishō zué. 6 volumes.
355. — Ehon ogura nisiki.

Santo.

356. — Udonge manogatari. 5 volumes.
356 *bis.* — Kottishū par Seisaï Santo. 2 volumes.

Kobayashi.

357. — Bitu Nihyakuzu. 1 volume.

Anonyme.

358. — Cyokukwaï gosiki. 1861.
359. — Yatsuwō notsubaki. 1 volume.
360. — Itsukushima Imakagami. Plusieurs volumes.

Hissanobu Matsuuira.

361. — Syoka kojibri. 1808. 1 volume.

Anonyme.

362. — Syokubun zukar. 2 exemplaires. 2 volumes.
363. — Cykudo guafu. 1800. 1 volume.
364. — Somesaki Kinsei Kibun.

Sensaï Eitoku.

365. — Sensai Eitoku guafu. 1885. 1 volume.
366. — Bambutsu guafu. 1885. 5 volumes.
367. — Kinsei Keibun.

Bairei Koggyo.

368. — Kogyo Zushiki. 1880. 3 volumes.
369. — Hissé musha zu gun. 1809. 3 volumes.

Anonyme.

370. — Reproductions de peintures. 1891. 3 volumes.
371. — Toto Kayei. 1853.
372. — Fudō Initsuders.
373 à 390. — Livres dépareillés, ayant leurs titres.

Yoshiwara : shungwa, Makurayé.

391. — Par Monorobu, Utagawa, Utamaro Miagawa Chōshun et d'autres marqués par
lettres.

KAKÉMONOS JAPONAIS

Une collection d'une centaine de kakémonos comprenant environ :
392/430. — Cinquante kakémonos, à décor de personnages (seront divisés).
431/445. — Trente kakémonos, décor fleurs et oiseaux (seront divisés).
446/460. — Vingt kakémonos, à décor de paysages (seront divisés).
(Chaque kakémono sera accompagné d'une fiche donnant la signature de l'artiste.)

GRAVURES FRANÇAISES

461/465. — Environ quarante gravures françaises diverses (seront divisées).

DIVERS

466/470. — Un lot de cartes géographiques, documents photographiques sur l'art, etc.
471/480. — Dessins, Panneaux, Éventails, Albums (seront divisés).
481/500. — Estampes (généralement modernes), par Moronobu, les Torii, Harunobu, Koryusaï, Buncio, les Katsukawa, Outagawa, Hokusaï, Utamaro, Kworin, Sharaku, Hiroshighi et divers (seront divisés).
501. — Divers et photographies du Japon.
502/510. — Cartes d'Etat-major français et autres (seront divisées).
511/530. — Livres japonais de diverses époques non illustrés.
531/550. — Livres japonais modernes reliés à l'européenne : Dictionnaires, Manuels de conversnatio, etc.
551/570. — Livres français anglais. Dictionnaires et autres.
571. — 3 grosses têtes de femmes japonaises.
    1 Boussole en cuivre   —
    1 Boîte de couleurs   —
    1 Pantographe.
    1 Rouet en bois.
    Projet de Dictionnaire.
572. — 16 Boîtes couvertes renfermant les fiches nécessaires établies par M. Tronquois pour former un Dictionnaire Japonais-Français.
573. — Lots omis.

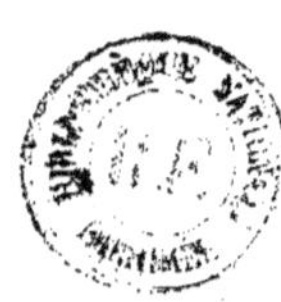

87041. — Imprimerie LAHURE. 9, rue de Fleurus, à Paris.